"The grid is one of modernity's core forms and concepts — the fabricated space fashioned for plotting its measured trajectories. In *Harbour Grids*, Zane Koss's moving minimalist intervention, the grid is both constraint and focalizer. Through the shimmering veil of infrastructure, nation, and language, 'scattered… across the… shifting surface' of the page, we gather glimpses of the natural world, welcome those who have navigated the border's rigid nets, and hear languages other than a monolithic English. The result is a near perfect balancing of form and formlessness — of urban enclosure, and a willful swerve onto the open common."

   — Stephen Collis, author of
   A History of the Theories of Rain and *Decomp*

"The grid referred to in the title of Zane Koss's exquisite *Harbour Grids* is a pattern of visual and sonic ripples — the hiss and shimmer of a living and lived world. The grids are represented by parallel rows of the letter 's', regularly placed with open space between them. At diverse s's, observed details surface, fleeting (they are gone from the next page, the next moment), but lasting long enough to disturb the pattern and excite the mind. There is nothing in *Harbour Grids* that's inert. And with each perceived glint, each registered sound, a harbourscape unfolds: wavelets, tidal lift and fall, boats and ships, streets and shops, vehicles, pedestrians. And human social life burbles on, speaking its different languages. There's no reigning subjective presence here — no singular 'I.' Subjectivities are part of the distributed stuff of the world. But *Harbour Grids* is nonetheless a powerfully affective book, suffused with melancholy and some kind of accompanying pervasive wisdom. It's a beautiful book."

   — Lyn Hejinian, author of *My Life* and *The Language of Inquiry*

"In *Harbour Grids*, lines of shimmering 's' phonemes ripple across fragmentary layers of New York's urban development from harbour to immigrant neighbourhood. Zane Koss has created a stutter-statement most singular in its embrace of word and silence, visual image and social critique. To read *Harbour Grids* is to experience this moving interplay between surface and depth."

  – Daphne Marlatt, author of *Intertidal* and *Steveston*

"From its opening page onward, Zane Koss's *Harbour Grids* takes us into a floating world of letters and words arranged on the aque-ous white surface of the rectangular page. Words enter this world as if by accident, washed up among the sounds and shapes of the letter 's' repeating again and again in four-line square grids on the white page, detailing what Koss calls his 'phenomenolog-ical investigation of the surface of New York harbor' perceived in fragments. 'S' as the shape and sound of waves moving across water, punctuating the words and phrases that appear as if out of the fog or night or from 'behind freighters' or even 'a cosmos of paths… submerged'; 's' as breath, the reader's and listener's breathing, 'one shimmering plane… among others' radiating out across the lines of the poem and the space of the place itself."

  – Stephen Ratcliffe, author of
  sound of wave in channel and *Selected Days*

harbour grids

zane koss

Invisible Publishing
Halifax & Prince Edward County

Library and Archives Canada Cataloguing in Publication

Title: Harbour Grids / Zane Koss.
Names: Koss, Zane, author.
Description: Poem.
Identifiers:
Canadiana (print) 20210358114 | Canadiana (ebook) 20210358122
ISBN 9781988784885 (softcover) | ISBN 9781988784922 (HTML)
Classification: LCC PS8621.087 H37 2022 | DDC C811/.6-dc23

Edited by Fred Wah and Andrew Faulkner
Cover and interior design by Megan Fildes

Invisible Publishing is committed to protecting our natural
environment. As part of our efforts, both the cover and interior
of this book are printed on acid-free 100% post-consumer recycled
fibres. Printed and bound in Canada.

Invisible Publishing | Halifax & Prince Edward County
www.invisiblepublishing.com

We acknowledge for their financial support of our publishing
program the Canada Council for the Arts, the Ontario Arts Council,
and the Government of Canada.

  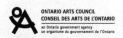 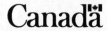

for Kate

PART I

s s s s

s s s s

s s s s

s s s s

s   s   s   glassed

looks a   pure surface   s   s

s   s   s   s

s   s   s   s

s   s   s   s

s   s   s   s

s   s   s   sent lines

s   s   to scout under   s

scanned depth   s   topographies   .   s

resolved   s   s   s

         s   s   into discrete layers   s

         s   s   s   with the eyes

s   s   s   s

s   slate blue from s   s

s   s   s the oblique slant of

s   s early december sun   s

s   s   brown silted   s

s   s   s   as mudplain

s   spreading   shore   s

s   s   s   to shore

12

s   s   s   s

s   s   s   s

wavers   s   s   s

s   s   glanced, scan north   south

s   speckled froth   s   s

s   s   roosters   s

s   s   feathers   s

s   s   folded paths,   wet grass

14

s   two sailboats amid   slashes of rain s

whole sheets   s   s   s

        s   s   and swirls   s

        s   s   s   s

shining   s   s   s

s   s   an outsized   sliver

s   s   s   silver

s between horizons   s   s

s   layers of blue   s   s

s   s   stretched to greys

s   s   s   s

s   the shipyards   s   set limits

```
s              s              s              s


s              s              s              s



seen behind    s    a wall of mist              s



s              tips of buildings   s   red and blue ships
```

s   the fog is   a translucent   s

vertical surface   s   s   s

s   s   connects   across

s   s   the far shoreline   s

s   a surface that   s   s

s   s   s   just

s   s   s   s

s   s   recedes   s

s   feel the push of the water s   s

s   s   s   in how smoke

from stoops   drifts uphill   s   s

against the cold air s   s   s

21

s   s   s   shimmering

s   s   s   glimpse

s   s   s   between blocks

s   s   scratched paths   s

s   s   s   s

harsh dark   s   s   s

s   s   s   s

s   s   s   edgeless blue

s   s   s   s

s   s   s   dotted lines

s   s   whitecaps   s

s   s   s   iridescent black

ships at anchor s   s   s

s   seem stranded   s   s

s   s   s   s

s   s   s   s

s   s   s   s

s   s   s   s

scattered   s   ·   s   across the

s   shifting surface   s   s

sunset wanes over   s   s   s

        s   s   freight cranes   new jersey

        s   s   staten island   s

disappears   s   s   s

```
    s           s           s           s


    s           s           s           s



    slug's      streak behind   s      freighters



furred surface      sanded          s          smooth
```

```
s            s            s            s


s            s            s            s



soft        distance        s            silent



this complex, not just a surface but signs and currents, data
```

s   s   s   s

s   a cosmos of paths   s   s

s   s   s   s

s   s   s   submerged

s   gazing, guessing   s   s

s   s   s   s

s   s   no sense   s

s   of this space   as worked   s

s   s   s   s

s   s   s   s

the visible   s   partially observed   s

       s   s   s   distorts

s   always the orange   staten   s

s   s   island ferries   s

s   s   s   each slips

s   exchanges positions   s   s

s   s   s   s

s   s   s   s

ships   scan horizons   s   like eyes reading

s   s   s   s

```
solid  blue against              s              s



    s              s              s              s



    s              s              s              s



    s              s  pale block of sky              s
```

it ceases   s   s   s

to exist in   summer   s   s

one shimmering plane s   among others   s

        s   shard of light   s   s

s   horizon of sight   contracts   s

s   s   smog sifted   s

s   s   s   city and sea

s   blissfully   s   s

                    hazed out

37

s   s   s   s

s   s   s   s

s   s   s   s

s   s   s   s

z

P A R T II

s   s   s   s

s   s   s   s

s   s   s   s

s   s   s   s

city, this   s   s   s

                s   s   s   s

                s   s   s   s

                s   suddenly   s   s

s   s   s   s

s   s   s   s

s   s   could exist   s

s   s   s   s

s   s   s   s

s   on a tuesday   s   s

s   look up and see   s   s

s   no stars   s   s

44

```
s          wednesday morning       slosh                s


s             brushing wet         s                    s


s                    s    leaves from sidewalk          s


s                    s              s                    s
```

s   .   the sensory is   s   s

s   s   s   s

s   s   s   a thin sheet

s   s   s   s

46

```
       s                s                s                s




s    clung to the skin              s                s




       s                s                s                s




like sweat              s                s                s
```

s   the skyline   s   s

s   s   dissolved   s

s   s   s   s

s   s   s   s

48

s   steamy morning   s   s

s   s   s   s

s   s   s   s

s   sun not   yet risen   s

49

s   s   s   s

s   s   s   s

s   s   s   shrouding

s   skyscrapers   s   s

```
s                 s                 s                 s




s                 s           soles           squeak




s     down front step           s                 s




s                 s                 s     into the street
```

s   s   startled   s

starling   and sparrow   don't sing   s

s   s   s   s

s   except in sharp   chirps   s

```
    s            s              s              s



    s            s              s              s



    s            s        low whistle          s



    s            s              s              s
```

```
s          rush of    street sweeper        s



s          s          s          s



s          s          s          curbside



s          s          s          s
```

```
s               s               s               s


s               someone         s               s


s       hacks spittle onto the sidewalk         s


s               s       percussive roar and blast
```

s   s   s   s

s   s   s   s

s   insistent thrum of   s   s

s   s   s   airplanes over

```
     s              s              s              s


mr softee          s              s              s


     s              s              s         speakers


     s         hiss          a song      across the block
```

s   could speak   s   s

s   s   and answer   in gestures

s neither of us   s   s

s   s   understand each other's

s   s   s   s

s   s   to cross which boundaries

s   is neighbourliness   s

s   s   s   which trespassing

s   s   s   s

s   to become distinguishable   s   to a stranger

s   s   s   s

s   s   s   s

s   s   s   s

s   s   shouts   small talk

s   s   s   from a stoop

it's good weather   s   this weekend   s

s   summer   s   s

s   soundtrack   s   s

s   pushed from   s   s

s   s   car stereo   s

s   suffuses   s   s

s   the street from   s   s

s   open windows   s   s

the season   s   slips   s

s   bodies   seeking   s

sun   s   s   s

s   s   s   s

burst   onto sidewalks   s   s

s   citizen as city-dweller   s   s

s   s   ciudadanos   s

s   y ciudadanas   s   s

not legal status   s   s   conferred by state s   practise speaking   s   s

s   s   say it poorly   s

s   s   s   s

s   ¿cómo estás?   s   s

s   how could these grids   s   s

s   be sufficient to   s   s

this place   s   s   s

s   s   s   s

s   s   s   s

s   s   s   s

s   will be insufficient   s   s

s   s   to this place   s

                    s   s   s   s

¿cómo se dice   s   landslide?   s

            s   deslizamiento de   s   s

            s   s   s   land slid

s   s   s   s

s   s   s   s

s   s   s   s

s   s   say it: s

s   s   sun   s

set   suns   s   s

s   s   s   set

s   sunset   s   s

            park

s   s   s   s

s   s   s   s

s   s   s   s

s   s   s   s

a

PART III

s   s   s   s

s   s   s   s

s   s   s   s

s   s   s   s

```
s               s               s               s


s   harbour curves          to sea              s


s               s           this            space


s       between islands          s               s
```

```
   s            salt      brackish              s



fresh water        s              s            s



   s   agua dulce, sweet water        s             s



   s              s              s              s
```

```
s              s              s              s



s        depthless mirror      s              s



s              s              s              s



s              s              s              s
```

```
        s               s                   s                       s



        s               s       from above, somehow        smaller



        s               s                   s               s



shallow as scale                s                   shifts          s
```

```
what histories     this surface        screens        s



        s              s               s              s



        s              asphalt         smooth         s



        s              s               s              s
```

salt marsh, sea grass, fishing grounds, oyster beds, taken s

    s   s   s   s

    s   s   s   settled,

    s   s   s   erased

s   s   s   shoreline

s   obscured   by construction   s

s   s   s   s

s   s   s   s

s   s   s   distance

s   s   squared the blocks

s   s   to be sold as   s

s   s   abstract space   s

s   which words   s   s

s   s   s   s

s   this mesh won't catch s   s

s   s   s   s

s   the names   s   s

s   s   of this land   s

s   s   munsee lenape,   sassian

s   gowanus   canarsee, rockaway   s

              s   s   scandinavian   s

          s   dockworkers   irish   s

      refugees   now salvadoran and   s   s

      fuzhounese   s   salvaged   s s   se solicita   mesero   s

s   s   se renta cuarto s

clases de   inglés   s   s

stuck to   s   light posts   s

```
s              s              s    what pushes


s              s              s  here displaces


s              s         families         blocks


s              s              sold for   industry city
```

```
s          s          s          s


s          s          s          s


s          s          s          s


s          s          indices of communal loss
```

s   s   s   s

s   s   s   s

s   s   s   s

s   s   whose community   s

```
s               s               s               s


s     tlaxcala estilo          s               s


s               s     becomes                  s


s               s     barbershop               s
```

s   how someone   else's exuberance   s

s   s   is perceived   s

s   s   s   as a threat

s   s   s   s

```
s               s               s               s



s               s               s               s



s               s               s               s




s          trash swirls into a s               s
```

s   against   s   s

s   s   s   s

s   s   s   s

s   s   s   s

s   s   s   s

s   s   s   s

s   underserved   s   s

s   s   s   s

s   s   s   s

s   s   s   s

s   s   undeserved   s

s   s   s   s

s   s   s   s

s   s   s   waves of

s   s   s   s

s   s   s   s

s   s   s   s

s   s   s   s

s   s   s   s

s   s   s   s

S   S   S   S

S   S   S   S

S   S   S   S

S   S   S   S

s   s   s   s

s   s   s   s

s   s   s   s

s   s   s   s

s   s   s   s

s   s   s   s

s   s   s   s

s   s   s   s

s   while i slept   s   s

saturday and   s   s   s

s   sunday morning   s   s

s   s   s   s

s   s   s   s

s   s   six or   s

s   s   s   s

s   seven am   s   s

s   s   s   s

s   s   s   s

as immigration   s   and customs enforcement   s

s   s   s   s

s   s   knocks   s

s   s   on neighbours'   s

s   s   s   s

s   s   s   s

                       doors

S   S   S   S

S   S   S   S

S   S   S   S

S   S   S   S

                S

PART IV

s   s   s   s

s   s   s   s

s   s   s   s

s   s   s   s

s   s   s   s

s   s   s   s

s i wanted to disappear   s   s

s   s   s   s

s   s   s   s

s   s   s   s

s   s to be an absence   s

s   s   s   s

```
s                 s              s               s


s                 s              s               s


s      in the midst of           s               s


s                 s              this        unfinished
```

s   s   spat out   s

s   s   s   s

s   s   s   s

s   refused   s   s

s   s   s   s

s   s   s   s

washed   s   s   ashore

s   s   s   s

s   s   s   s

s   s   an emptiness   s

s   s   s   s

s   s   s   s

s   s   s   s

s   s   s   s

s   silent   s   s

s   s   s   s

         s   s   s   s

to be absorbed   s   s   s

         s   s   s   no longer singular

         s   s   s   s

s   i wished to contain, s   s

s   s   s   s

s   s   to be enclosed   by otherness,

s   s   saturated   s

s   s   s   desire

s   s   s   to be less than

s   s   more than singular   s

s   s   subject   s

s   s   s   s

s   dissolve into   s   s

s   s   my observations   s

s   s   s   s

120

```
        s           s           s           s



        s           s           s           s



        s           s           s           s



a sensory           s           surface           s
```

shimmers   s   s   s

s   unstable   s   s

s   s   s   s

s   s   s   s

s   s   s   s

s   to slip   s   s

s   s   from the self   s

suffused with   s   whose   history

s   s   s   s

s   s   s   s

s   s   s   how to attest to

s   s   these contacts   s

s   non-resident alien   s   s

s   s   exchange visitor   s

s   visa   s   s

resident alien for s   tax purposes   s s   a presence that   s   s

s   s   reasserts   s

s   itself   s   s

s   s   s   s

```
        s               s               s               s




shifting        s       between postures        s




        s               s               s       s




        s               s               is identity     s
```

s   s   s   s

s   s   static   s

s   s   a screen   s

s   s   s   s

s   s   s   s

s   s   s   s

s   s   not still   s

s   s   s   s

```
         s              s              s              s


         s              s              s              s


         s              s              s              s


a consistent           s          consonance      stirring
```

```
    s          s          s               s


    s          s          s               s


    s          s          s               s


    s          stuttering      s          s
```

```
s           s           s           s



s           s           s           s



s           s           s           s



subway    stations tremor        s           s
```

s   s   s   s

s   s   s   s

s   s   an enclosing   noise

s   s   s   s

s   s   s   s

s   the self   is a location   s

s   s   s   s

s   s   in a system of relations

s   s   s   s

s   s   s   not a skin

s   s   s   s

s   s   s   to be shed

s   s   s   s

s   s   s   as kin

s   s   s   s

s   s   s   s

s   s   s   s

s   could i rest   s   s

s   s   in the seams   s

s   s   s   of this place

s   s   s   s

s   and not destroy it   s   s

s   s   s   s

s   s   s   s

s   s   s   s

s   i was here   s   s

s   s   this whole time   s

s   s   s   s

ACKNOWLEDGEMENTS

Thank you to the people of Sunset Park, Brooklyn. I owe this poem to you.

Thank you to Leigh and the team at Invisible for giving this book such a perfect home and such diligent attention, Andrew for his faultless vision of and for this project, Megan for the knockout design work, and Julie for getting this book to its readers.

Thank you to *Caustic Frolic* for publishing the first excerpts of *Harbour Grids*, and to rob mclennan for publishing three companion pieces of writing that emerged from work on this project.

Thank you to Fred Wah for your mind-expanding insights early in the editing process.

Thank you to Daphne Marlatt, Lyn Hejinian, Stephen Collis, and Stephen Ratcliffe for your incredible blurbs. It's an honour to have your words grace my own. *Harbour Grids* would not be possible without the grounds each of you has laid down.

Thank you to Mike Chaulk; without you I wouldn't be a poet, but above all thank you for your friendship, which means so much more. Thank you to MC Hyland for being a model of what community looks like and for your generous friendship.

Thank you to fellow poets Andrew Zuliani, Cameron Anstee, Aditya Bahl, Ramón Carazo, Nikki Reimer, Eric Schmaltz, Whitney DeVos, Gerónimo Sarmiento Cruz, Andrew Gorin, Urayoán Noel, Sacha Archer, and anyone else who has helped with this manuscript or otherwise made a life of poetry possible. This book wouldn't exist without your companionship.

Thank you to my parents, Judy and Larry, for all that I am and will become. Thank you to Chris and Jane for your constant support and encouragement.

Thank you to Kate. For everything, always, forever. I love you.

INVISIBLE PUBLISHING produces fine Canadian literature for those
who enjoy such things. As an independent, not-for-profit pub-
lisher, our work includes building communities that sustain and
encourage engaging, literary, and current writing.

Invisible Publishing has been in operation for over a decade. We
released our first fiction titles in the spring of 2007, and our
catalogue has come to include works of graphic fiction and non-
fiction, pop culture biographies, experimental poetry, and prose.

We are committed to publishing diverse voices and experiences. In
acknowledging historical and systemic barriers, and the limits
of our existing catalogue, we strongly encourage LGBTQ2SIA+,
Indigenous, and writers of colour to submit their work.

Invisible Publishing is also home to the Bibliophonic series of
music books and the Throwback series of CanLit reissues.

If you'd like to know more, please get
in touch: info@invisiblepublishing.com